벼락의 꼬리

리토피아포에지 · 54
벼락의 꼬리

인쇄 2017. 1. 25 발행 2017. 1. 30
지은이 정미소 펴낸이 정기옥
펴낸곳 리토피아
출판등록 2006. 6. 15. 제2006-12호
주소 22162 인천 남구 경인로 77
전화 032-883-5356 전송032-891-5356
홈페이지 www.litopia21.com 전자우편 litopia@hanmail.net

ISBN-978-89-6412-075-0 03810

값 9,000원

이 도서의 국립중앙도서관 출판예정도서목록(CIP)은 서지정보유통지원시스템 홈페이지(http://seoji.nl.go.kr)와 국가자료공동목록시스템(http://www.nl.go.kr/kolisnet)에서 이용하실 수 있습니다. (CIP제어번호 : CIP2017001232)

정미소 시집

벼락의 꼬리

리토피아
LITERATURE & UTOPIA

시인의 말

그를 덜어낸 자리에
나무 한 그루를 심었습니다.

새들이 와서 쉬었다 가고
깃털 같은 말들이 열매로 떨어집니다.

햇살이 다가와
젖은 그늘을 말리고 간 오후의 처마가

넉넉해서 좋습니다.

2017년 1월
정미소

차례

제1부 노래하는 사람

제2부 깔딱고개

제3부 애기나리꽃

제4부 우란분절

| 제1부 |

노래하는 사람

나뭇잎은 나무의 입이다

해질녘, 2층 방 창문을 두드리는 먹감나무의 두툼한 입술에 귀 기울인다 말하고 싶어 내 창을 기웃거리는 안색이 붉은 나뭇잎, 달싹거리는 잎을 따라 줄기와 몸통에 고인 말들의 문이 문을 두드린다 바람이 불 때마다 아랫입술을 도르르 말았다가 펴는 입, 말매미의 울음과 고추잠자리 쉬어간 자국마다 실주름이 진다 빈 감꼭지가 풋풋한 여름으로 차오르는 소리를 듣는다 천둥과 장맛비와 긴 가뭄이 가두었던 먹감나무의 깊은 그늘이 한 걸음 두 걸음 다가오고 있다 나무의 입이 무거운 속내를 열고 있다.

느티나무에게

카페 '몽마르트'에서 바람에 흔들리는 은발의 고목에 귀 기울인다 몸 하나로 수직의 하늘을 건너고 있는 우직한 어깨 너머로 오후 네 시의 햇살이 솔을 두른다 티스푼으로 홍차의 티백을 꾹꾹 누르며 봇물 터지는 너의 매무새에 속말을 연다 숨죽인 계절에도 황소바람은 불어와 심장에 네 개의 스텐트를 박고 벼락 맞은 봄 품에 안았던 황조롱이도 일가를 이루어 떠나고 딱 지금이야 죽고 싶어 합병증이 도사리는 뿔테 안경 너머 동공이 출렁거린다 오후 네 시의 몽마르트 긁히고 멍들고 깁스로 이은 쇳조각을 따라 에디뜨 삐아프의 젖은 음성이 진통을 몰고 온다 내 얘기 들어줘서 고마워 느티나무야.

초승달에게 반하다

그의 내향성은 후천적이다 천성이 어질고 반듯하여 피붙이의 보살핌을 조석의 낙으로 삼으니 기질이 유순하나 성나면 올가미의 올을 물어내며 생채기를 남긴다 바닥의 바닥을 또각거리며 몸을 옥죄는 세상의 뒷골목 군소리 없이 버틴 하이힐의 저 안쪽 비좁은 숨 막힘이 박리증에 시달린다 울분이 고여 제풀에 사색이 된 엄지발톱 입과 귀를 닫은 채 안으로 안으로 파고든다 피붙이의 허물을 덮으려고 안간힘 쓴 그의 등에서 초승달이 웃는다 각질 더미에서 더는 버틸 수없는 그의 속 소리를 끌어안는다.

춤추는 새

날개가 있어도 날지 못하는 새다 코에는 별 모양의 피어싱을 하고 음악이 흐르면 먹기 위해서 춤춘다 황사바람 부는 화성의 야외공연장, 기진한 새를 먹이로 부른다 새의 목덜미를 쓰다듬으며 새야 꿈을 꿔 꿈꾸지 않는 것이 너의 문제야 너를 위한 춤을 추어야지 새가 양동이에 담긴 물에 부리를 담근다 새와 함께 춤추는 먼 이국의 공연장. 한낮의 허기를 물로 채운다. 피어싱과 상아목걸이와 귀걸이 장식을 물에 담근다 새와 함께 마시는 한 모금의 땀이다 한 모금의 춤이다 새야, 오늘은 니체의 말을 믿으려고 해. 하루라도 춤추지 않는 날은 굶는 날이지? 새가 퇴화된 날갯죽지를 폈다가 접는다.

단원의 '해도'

게들이 집게발을 꼬물락거린다 바다가 반나절 놀다 간 자리에 개펄이 놀이터다 물풀이 가리키는 물길을 따라 마디와 마디의 촉수가 배밀이를 한다 집게발을 들어 힘겨루기를 한다 뒹굴며 분탕질이다 파도가 잘 마름질한 바위벽을 오르다가 미끄러져 엉덩방아다 게들의 등에서는 바다냄새가 난다 집게발을 내려놓은 순한 잠 속에 파도가 찰랑거린다 뻘밭에 남은 발자국이 볼우물을 짓는다 기저귀 찬 엉덩이가 뒤뚱거린다 세살바기들이 꼬물락거린다.

3번 국도

—곤지암에서 이천 나들목

물레방아한정식집 바람개비가 남서풍을 타고 돌다가 몸을 바꿔 북동풍으로 돈다 자동차는 꼬리를 물고 그의 약속 시간을 엿가락처럼 늘어뜨린다 허기를 등에 업은 사람들이 한정식집 소슬대문으로 들어선다 입춘대길, 초서가 동강나 목젖이 터지도록 운다 불안한 울음을 따라 벼랑으로 떠밀리는 늦저녁, 입춘대길 초서의 달뜬 염원을 떠올린다 누군가 탁자에 낙서를 써놓았다 몇 개의 좋은 일과 수많은 나쁜 일이 일어 날 것*이다 나쁜 일은 시가 될 것이다 물레방아는 쉼 없이 불통의 시간을 퍼올린다 캄캄한 국도, 앰블런스가 쏜살같이 지나간다 걸음을 재촉하는 속도가 서로의 풍속을 가른다 정체가 풀리고서야 안다.

* 보르헤스의 말.

물소가죽 핸드백

아프리카산 물소, 물소가죽 핸드백을 폭탄세일한다
백화점에 부도난 핸드백이 산처럼 쌓여 있다
검은 핸드백을 고른다
지퍼를 단숨에 열어젖힌다
신문지 둥글게 말아 넣은 가방의 내장을 뒤진다
간덩이처럼 부어오른 활자가 널뛴다
선물공세, 매입, 매도, 개미군단, 휴지조각
시세 파악에 빠른 아프리카산 물소 한 마리가
내장을 뒤로 한 채 초원으로 달린다
나도 검은 핸드백을 뒤로 한 채
내 운명의 별자리를 바꾸어 아프리카,
아프리카산 물소가 되어 초원을 내달린다.

동물원

동물원에서 말레이곰 두 마리가 짝짓기를 한다
암놈의 등을 타고 올라
엉덩이를 들썩거리는
수놈의 배에 기마자세를 취하는 암놈의 몸짓이
폼페이 홍등가에서 본 프레스코 벽화다

조명도 희미한 회반죽 벽에
암컷의 등에 올라 몸이 달아오른 털보숭이 말레이곰
업어치기하며 바닥에 드러눕는다
절정에서는
아무것도 보이지 않는다
괴성만 지를 뿐이다

밤꽃이 흐드러지게 핀 동물원
바람이 비릿한 냄새를 몰고 숲으로 간다
말레이곰 관람관
소풍 나온 아이가 곰들이 싸운다고 운다.

입춘 무렵

혹한 속 마당가 수유나무 한 그루
세필 터치로 흔들린다
우듬지에 품고 사는 까치집 한 채
고드름꽃이 피어 햇살에 반짝인다
붉은 입 아우성치는
봄을 건너 온 젖소판은 안다
몽고메리 결절을 타고 오르는
젖물
유두마다 가려운 봄물 오르면
우듬지 까치집은 냉골 바닥이다
흙먼지가 더께로 눌러 앉는다
그 마음 알았는지 꽃샘바람 몰려 와
집 안팎 소제가 한창이다
갓 부화한 까치의 서툰 날갯짓이 세필 터치에 감긴다
상피세포 언저리에 유선엽, 봄이 가렵다.

양푼 비빔밥

담비를 추적한다 허리가 잘록한 담비, 꼬리가 긴 담비, 겁이 많은 담비, 낯가림이 심한 담비다 위 주머니가 작아서 소식한다 산머루 한 알 입속에 넣고 오물거린다 그런 담비,

혼자 있을 적에는 고라니를 사냥한다 살집이 말랑한 고라니의 등갈비살을 발라먹는다 뒷다리살을 덥석 베어문다 포식한다

그가 문득 음식이 맛이 없느냐고 묻는다 위주머니가 작다고 한다 소식하는 습관이 몸에 배었다고 한다

그와 헤어진 후 집에 와서, 양푼에 밥을 비빈다 다래와 버찌와 산딸기를 넣고 비빈다 찔레꽃 향기를 넣고 비빈다 새의 깃털과 잠자리의 날개와 어린 멧돼지의 울음을 넣고 비빈다 담비처럼 먹는다

담비의 배설물을 분석한다 하늘다람쥐, 청설모, 비단털들

쥐, 여왕말벌의 흔적이다 허리가 잘록한 담비, 소식하는 담비, 눈에 보이는 것이 다는 아니다.

중환자실

내 방에는 유월의 아카시아나무가 자라요
아카시아 나무는 벽지 속에서
틈만 나면 눈을 반짝거려요
나를 유월의 숲속으로 데려갈 궁리를 해요
내 방에서 자라는 아카시아나무는
숲속의 친구가 그립다고 해요
햇빛과 날다람쥐, 조롱박새에게 돌아가고 싶어 해요
아카시아나무는
내가 산소호흡기 가늘고 긴 호스를 코에 넣고 있을 때
한밤중, 체열이 40도를 오르내릴 때
잠자코 기다렸다가
샘물 돌돌 흐르는 유월의 맑은 숲을
나에게 주고 싶어 해요
가자, 어서 가자 손을 이끌어요.

비명碑銘

지하철 환승역 광고 카피, 당신의 묘비명은 무엇입니까?

이리저리 떠밀리며 레일과 레일을 갈아가며 타인을 아름답게 꾸미는 일, 굵기가 서로 다른 퍼머 롯트로 웨이브를 만다 샴푸실에서 번개반점 우동을 스트레이트퍼머 웨이브로 구겨 넣는 삶

어제와 오늘의 컷이 만성 하지정맥에 시달릴 때 역사로 들어서는 희망행 지하철

묘비명에 골몰한다 독한 퍼머액에 중화된 손금이 우식하다 코팅제로 희미해진 지문이 꽃으로 피어 웃는다

묘비명을 정했다 '그럼에도 불구하고'

희망행 지하철을 기다린다.

두모악 갤러리

—김영갑의 오름사진을 전시 중이다

바람에 대해서, 돌에 대해서, 여자에 대해서, 할 말이 많은 그의 입심을 따라 용눈이오름을 오른다 조리개에 담긴 햇살은 그의 등 뒤에 비스듬히 누워 오수에 든다 억새밭을 걸어가는 바람의 찰나에 목숨을 건다 새벽이슬을 밟기도 하고, 폭우 속 삼각대를 바로세우며 숨죽이기도 한다 셔터 소리에 감전된 몸이 부르르 떤다 빛의 무게를 넘어선 절대 감광도가 돈만 생기면 필름을 찾는다

그의 말이 광각렌즈로 빛날 때 해는 바다 쪽으로 더 기운다 여전히 할 말이 많은 그의 보폭이 오름에 귀를 기울인다 수없이 버려진 찰나와 다가오는 찰나에 쪽잠도 아깝다 그가 그려놓은 오름의 사계와 바람, 지천으로 깔린 돌과 여자, 프루시안 블루로 떠오르는 일출, 억새밭을 기웃거리는 오후 세 시의 음영을 따라 걷는다

그는 여전히 작업 중이다.

목마 끌라빌레뇨의 비행

까딸루냐광장에서 말 타고 우주여행 떠나고 싶은 사람은
말안장에 올라 나무못에 적힌 숫자에 동전을 넣으라 한다
달나라 '약속의 바다'에 가려고 숫자판 5에 동전을 넣는다
목마의 주인이 다가와 손수건으로 눈을 가린다
귓가에 요란한 말 울음소리가 들린다
고삐를 당기자 말은 단숨에 대기를 가르며 달리다가
그의 숨결이 살아있는 바닷가에 나를 내려놓는다
그물코를 깁고 있던 그가 맨발로 달려 나온다
그의 손을 잡고 안부를 물으니 그는
혼자인 것도 익숙해지니 괜찮다고 한다
나도 약속의 바다가 있어 괜찮다고 한다
수명이 다 닳은 말의 안장에서 주인이
손수건을 풀며 그만 내리라 한다
목마의 주인이 여행은 즐거웠느냐 묻는다
오늘 하루는 견딜 만하다고 한다
까딸루냐광장에 기마단이 열 맞추어 빵빠레를 분다
그를 만나고 온 비행을 축하하는 음악이다.

노래하는 사람

조나단 브로브스키의 작품 '노래하는 사람'이 노래를 한다 우우, 영가로 흐르는 화성이 향수병에 시달리는 젖은 발목을 잡는다 허옇게 부르튼 입술, 비어있는 동공이 음계를 타고 내린다 쇳소리를 낸다 황사 들이치는 사월의 목젖을 들여다 본다 고된 노역과 불면에 시달린 자국이다 가늘고 긴 혓바늘이 가시선인장꽃을 피웠다 물방울집을 지었다 향수병에 시달리는 폐부가 가시에 찔린다 바이브레토로 떨린다 두고 온 바다, 도란거리는 식탁, 살아도 살아도 사막인 타국에서 우우, 노래하는 사람의 노래를 따라 부른다 허밍이 젖은 발목을 감싼다

열정

피아니스트인 그녀가 유방암에 걸렸다
암과 함께 사십 년을 부유하던 그녀의 음표들이
건반을 잃고 마호가니의 숲속으로 사라졌다
절망의 나락에서 핀셋의 위력은 메트로롬보다 정교했다
다시 건반을 춤출 수 있게 된 그녀가 독주회를 열었다
오랜 투약과 마취에서 깨어난 라흐마니노프와 슈만이
오선의 경계를 넘어
알레그로 비바체로 라르고로 종달새의 날개를 달았다
그녀가 소등 속에서 '트로이메라이'를 연주할 때
청중은 울었다.

고목에게 말 걸다

느티나무 고목이 열매를 제 가족의 탯줄처럼 거두고 있다
겨드랑이며 구멍 숭숭 뚫린 등뼈 사이로 옹기종기 눈 맞추는 열매들

새들도 명당을 찾아 솜이불 같은 지푸라기 물어 나르고
나뭇잎으로 도배하며 따뜻한 방 한 칸 마련했다

말 걸기조차 거북한 통 큰 나무와
변덕이 죽 끓듯 하는 바람나무 꽃샘바람에도
머리채 흔들며 말 바꾸는 나무에게는
눈길을 돌린다

한 쪽 팔이 잘려나간
등이 구부정하게 휜 풍상이 둥지를 안았다
대설 한파가 뿌리째 흔들어도 묵상 중인,

느티나무 고목에게 말 건다 '마더나무'라 부를게요.

군무

천사원 운동장이 먼지를 일으키며 소란하다
한 무리 키 작은 아이들이 우르르 몰려왔다 몰려가는
민들레꽃잎이다 채송화다

미루나무가 점프하여 던져 넣은 공이
바구니를 튕겨 나와
조선소나무 등에서 튀어오른다
해의 큰 손이 덥석 잡는다

공을 서로 받으려고
까치발 드는 나무들의 함성이 혈관을 부풀린다
꽃잎들의 성장판을 쑥쑥, 밀어올린다

운동장을 기웃거리며
쉬이 발길 돌리지 못하는 구름의 심장이 펌프질한다
나무들 기립박수가 요란하다.

추모산 하늘공원

어머니의 묘소에 간다
산비탈 따라 다닥다닥 지어올린 봉분들이 판자촌처럼 비좁다
발자국소리 잠결에 들으신 어머니 삐그덕 초록대문 여신다
책가방 받아들고 서둘러 부엌으로 들어가시는
어머니 잘 닦아놓으신 상석 위에 국화주 한 잔 부어올린다
입동 바람결 타고 스르르 밥상으로 다가앉으시는 어머니
숟가락 달그락거리는 소리 산동네 쪽창문 타고 흐른다
백열등 흔들리는 우리집 같아서 좋으시단다
어머니 하늘공원으로 오실 때 말동무나 하라고
내 키만 한 상수리나무 한 그루 심어드렸더니
내 키보다 웃자란 상수리나무
묘소 위로 여문 알들을 투두둑 떨어뜨린다
후식으로 내어놓은 빨간 사과
한 입 덥석 베어무는 어머니
철없는 내 입안이 어머니의 우주로 가득 차오르는
하늘공원 박제된 기억의 보풀을 어루만지며
어머니의 초록대문 헐거운 빗장을 꼭꼭 여며드린다

어린 다람쥐 살찌워 긴 겨울잠 속으로 들여보낸 상수리나무
국화주 한 잔에 눈꺼풀이 자꾸만 내려앉는 어머니를
곤한 겨울잠 속으로 보내드린다.

저승이 이승이다.

염소나무

내 허파 속에는 울음이 갇혀 뿌리를 내린 나무가 한 그루 자라고 있어요 염소나무예요 마음이 울적할 때 귀 기울이면 염소나무에 매인 염소의 울음소리가 들려요 지금은 별이 된 내 아기의 젖투정 같아요 젖투정에 놀란 새들이 천공관을 타고 하늘로 푸드득 날아올라요 허파의 하늘에 새털구름이 몰려와요 그때마다 나는 염소의 뿔을 가만가만 쓰다듬어요 지금은 별이 된 내 아기가 염소의 눈에서 생긋 웃어요 염소의 목줄이 탯줄처럼 나무에 감겼다가 힘없이 풀어져요 놀란 염소가 나의 마른 유선을 부풀려요 초록으로 부푼 유두가 아프도록 부어올라요 그날 밤 밤하늘에 오른 염소자리 성운을 보았어요 내 허파 속 울음이 갇혀 뿌리내린 나무가 사라졌어요 좁은 목줄기를 드나들던 염소가 사라졌어요 내 아기도 사라졌어요 그날 밤 내 허파에 다시 염소나무 한 그루 심었어요 그날 밤.

| 제2부 |

깔딱고개

백일장

시제는 '사랑'과 '술'이라고 한다 '사랑'을 두고 잠깐 망설이다 '술'을 쓰기로 한다 단테와 베아트리체의 사랑 로미오와 줄리엣 카사노바와 돈후안 그리고 마더테레사의 사랑, 사랑은 너무나 크고 깊어 전설 속에 맡겨두기로 한다 술은 어제 퇴근 후 벌인 술판에서 새벽별 보며 들어왔으니 술 속에 아침이 와서 술이 술을 쓴다 수전증 걸린 손이 폭탄주를 말며 회오리치며 너와 나의 경계를 넘어 하늘 땅을 넘나들며 술, 술, 술, 잘도 쓴다 이러다가 내가 장원하면 어쩐다? 수상소감을 떠올리며 벅찬 가슴을 지그시 억누른다 발표시간까지 쪽잠을 청한다 알콜 성분이 가미된 귀에 심사위원장의 목소리가 들린다 오늘의 시제가 '꿀'이라고 한다 술이 확 깬다.

벼락의 꼬리를 잡다

어머니는 저의 단풍물 들인 고슴도치 헤어스타일의 숏커트가 마음에 안 드신대요 새로 산 핫팬츠를 속옷이냐고 물어요 비도 안 오는데 웬 장화냐고요 요샌 여름에도 부츠 신잖아요 벗어둔 부츠 속에서 생쥐가 놀면 어때요 찍찍, 발가락을 꼼지락 뒷꿈치를 들썩이며 스마트폰에서 흘러나오는 노래를 따라 불렀어요 밥상머리에서 어머니의 불벼락이 떨어졌어요 저도 벼락의 꼬리를 잡았어요 제가 생신선물로 사드린 스웨터가 싸구려는 아닌지 돋보기로 상표를 훑어보셨잖아요 제 남자친구의 콧구멍이 크다고 낭비벽 험담을 하셨지요 어머니 닮은 얇은 입술이 싫어 수술한 건데 돈이 썩어서 굼벵이 이불이 되다니요 저도 어머니가 다 마음에 드는 건 아니에요.

춤추는 자판기

부에노스아이레스의 뒷골목 낡은 공연장 로비에는 자판기가 있어요 산호초 일렁이는 에메랄드빛 바다를 여행하고 싶은 분은 자판기의 기본 메뉴얼을 읽어보세요 그가 사준 별모양의 귀걸이를 잃어버린 분은 불가사리맛 버튼을 누르시고 오리발 없이 혼자 노는 게 즐거운 분은 산소방울 버튼을 누르세요 동전을 넣고 센서의 불이 들어올 때까지 자판기의 뚜껑을 미리 열거나 컵을 함부로 꺼내지 마십시오 시스템이 해류에 휘말려 폭발적인 탱고의 선율로 진저리를 친답니다

낯선 여행지의 이톨박이 손가락이 버튼을 더듬거려요 무딘 척, 뚜껑을 왈칵 열었어요 폭발적인 탱고의 리듬이 더운 입김을 훅훅 뿜으며 문어발 스텝으로 다가와요 몸을 밀었다가 당기며 가슴을 옥죄어요 땀으로 흥건한 자판기에게 '나 지금 배란기'라고 귓속말 해요.

구름빵

고요한 숲길을 걸었어 은사시나무가 가만가만 하늘을 흔들고 있었어 새둥지에서 또록거리는 눈망울들이 나를 보고 있었어 새총을 꺼낼까, 주머니 속을 뒤지다가 새총이 있기나 했나 그냥 시월의 숲을 즐기기로 했어 먼저 요정을 위한 밥상을 차렸지 굴참나무가 키운 잎을 떨어뜨려 주었어 나뭇잎에 뭉게구름의 통통한 볼살을 떼어 밀반죽 했어 단풍나무 이파리와 은사시나무 껍질과 들풀로 버무렸지 아주 근사한 구름빵이야 손나팔을 불었어 요정들을 구름빵의 가장자리에 빙 둘러앉혔어 나는 별안간 소리를 질렀어 '청설모가 나타났다!' 놀란 요정이 은사시나무 뒤로 달음박질쳤어 나는 웃었어 뒹굴면서 웃었어 시월의 그날 오후에 너 없어도 괜찮았어.

책의 위로

그의 말이 명치에 걸리면 책을 읽을 때다 요령 없는 술값을 내고 자책을 하게 되면 책을 읽을 때다 책장 구석에 먼지가 뽀얀 책을 한 권 꺼내든다 백치 아다다 책장을 넘긴다 바보천치인 아다다의 사랑과 불행을 따라가다 보면 명치에 걸린 심상이 이해가 된다 즐거움이 자책에 가려서 바보가 될 뻔했다 빠르게, 더 빠르게 흐르다 서운해지면 책을 읽을 때다 눈빛이 모가 나면 책을 읽을 때다 묵은 책이 주는 위로다.

별코두더쥐

그와 헤어진 기념으로 산 별코두더쥐예요 겨자씨만 한 눈, 오물거리는 입, 뭉툭한 코가 별 모양의 촉지를 지녀서 별코두더쥐래요 긴 발톱으로 흙을 파며 동굴집을 짓다가 방안이 고요하면 땅밖으로 고개를 내밀어요 먹이통에 야콘과 산마늘과 호박고구마를 넣어주면 그의 습성처럼 코를 큼큼거리며 냄새를 맡아요 그와 헤어지긴 참 잘했어요 그는 기념일을 좋아했어요 장미여관 기념일, 홍콩 가는 기내에서 그의 옛 애인을 만난 기념일, 경품으로 망고블랑 케이크를 받은 기념일, 지붕에 고양이가 앉아있는 점집을 찾다가 해가 저문 기념일,

별코두더쥐와 살면서 눈에 띄게 줄어든 것은 월말의 카드 대금이에요 그와 헤어지던 날 큰 소리로 다투었어요 무슨 기념일이 그렇게 많아? 그가 짧고 굵게 말했어요 기념일 때문에 돌아버리겠어

생각해 보니 그 많은 기념일은 모두 내가 만든 거예요 별코두더쥐가 야콘을 오물거리는 동안 이불동굴을 만들었

어요 겨울잠 든 휴대폰을 만지작거리다가 이불로 사람김밥을 말았어요 창밖에 함박눈이 펑펑 내려요.

그녀가 울었다

어둠을 밟고 들어선 그녀의 손에, 서너 살 정도 여자아이가 울먹인다 어린이집 상담실 의자며 탁자가 아픈 주사 맞는 병원은 아니라고, 막대사탕 하나 쥐어주면 그녀가 말문을 연다 아이를 혼자 키워야 해요 아이는 달걀 알러지가 있어요 일과를 마치면 오후 여덟 시예요 그녀가 입학 지원서의 빈 공란에 별로 뿌려놓은 말들을 읽는다 비온 뒤, 무지개가 뜨는 날은 창문을 열어주세요 아이 아빠가 아이를 보러 올 거예요 아이가 창가에서 오래, 오래 손 흔들 수 있게 해주세요 마침표 없이 이어지는 그녀의 말을 어루만지며 그녀가 울었다.

봄날은 온다

봄마다 남자를 바꾼다 아침상 물리고 돌아서면 허기가 든다는 토종 입맛의 남자, 비위를 따라 애꿎은 묵은지만 찢다가 창밖에서 들려오는 바이크의 시동 거는 소리에 심장이 뛴다 빼끔, 고개를 내민다 6기통 경주용 바이크다 블랙 가죽재킷에 헬멧을 쓴 남자, 선글라스가 영화 '미션임파서블'의 주인공 톰크루즈다 토종 입맛은 뒤로한 채 바이크의 안장으로 내달린다 남자의 가속에 몸을 밀착한다 자유로를 달려 행주산성을 지나 김포평야 무한대의 봄을 끌어안는다 살구를 끌어안는다 쪽빛 하늘이 뭉게구름 자막을 돌린다 슬쩍 거실을 염탐한다 출근을 놓아버린 남자가 tv채널 '삼시세끼'에 몰입하다 닫뜬 봄이 온다.

춘분날

궁전빌라 담벼락이 수상하다
스카이라이프 위성안테나 안쪽
경계측량을 마친 까치 두 마리가 집을 짓는다
알콩 달콩, 깨소금 냄새를 따라 집안을 기웃거린다

황토흙에 솔잎을 버무린 마감재
포인트 벽지로 장식한 줄장미가
화장대 거울 속에서 빨갛게 웃는다
남향으로 불러들인 햇살조명이
마른풀 바닥에 누웠다

달뜬 첫살림의 시작은 콧노래
꽁지깃 힘껏 밀어 올리며
열세 번의 이사와 잦은 다툼과
천정부지로 치솟는 전세금 지옥에서 벗어나
부리와 부리가 모여 노래하기 좋은 곳
궁전빌라 담벼락에 집 한 채
마무리 설계공정을 살핀다

쓸모없는 잔가지 지푸라기를 다듬어
분리수거 한다
둥지 안이 또록거린다.

깔딱고개

새로 산 스마트텔레비전 속에는 깔딱고개가 산다 군더더기살 완벽보정 허벅지, 종아리, 신축성까지 쫀쫀하게 입는 순간 무장다리, 미끈한 소녀시대 부럽지 않아요 오로지 방송 중에만 드리는 혜택 원 플러스 트리플, 한 분 남았습니다 깜짝 타임찬스로 경품추첨, k7 빨간 승용차가 자태를 뽐낸다 숏 다리, 근육질 종아리가 봄치마를 팔랑거리며 080 자동암호를 누른다 씨름선수가 될 거냐는 당찬 허벅지에 화면 속 마네킹이 입고 있는 노란 레깅스를 신겨본다 랄랄라, 숨차게 넘어온 깔딱고개, 오늘도 넘는다.

시時

시가 안 써지는 날은 그를 긁는다 말할 때, 다리를 달달 떨지 마 말문이 막힐 때 볼 긁는 거 오랑우탄 같아 원숭이야 그러고 나면 그가 나를 긁는다 스파게티 먹을 때 길게 내미는 혓바닥 주접이야 샐러드 독식하지 마 다른 남자에게 꼬리치지 마

흠과 흠을 부리로 콕콕 집어내는 저녁 긁고 긁히며 되로 주고 말로 받는 저녁 침묵과 냉전이 흐르는 저녁 시를 부른다 오랑우탄과 얼룩무늬 기린이 서식하는 집, 시가 뿔난 집, 시가 오다가 달아나는 집, 달아나는 시를 부른다.

소원의 샘

꽃을 던진다
민들레꽃을 던진다
웃음기 잃은 봄을 돌려 달라
기우뚱하며
소풍길에 쓰러진 울음을
새의 문장으로
바람의 말로 듣게 해 달라
억장이 무너진다
산수유, 노랑어리연꽃, 왕벚나무가
따라와 무더기로 빈다
소원이 동심원을 그리며
곡우 한나절이
지문을 지우고 있다
꽃을 던지며
접으며 막막한 봄을 앓는다.

표본실의 왕호랑거미

거미줄을 빠져나온 왕호랑거미 표본실에 누웠다 포르말린 냄새 향긋한 매트리스 위에 박제되었다

할로겐 조명이 결박된 말초신경을 쏘아 본다 몸을 부르르 떨며 뒤척이는 몸이 재빠르다

씨줄과 날줄의 풍성한 끼니가 가파른 담장을 넘는다 어머니 울음주머니는 사철 푸르다

먹이사슬의 실샘은 끈덕지다 마비된 감각을 슬쩍 건드린다 움찔하며 링거수액에 박제된 왕호랑거미 은백의 털을 일으킨다

가만, 누워 쉬세요 어머니, 어머니의 저녁 끼니는 돌아오지않아요.

관음암 가는 길

부처님 오신 날이다
어머니를 따라
가파른 돌계단을 오른다

보시 행
기도로 한 땀 두 땀 밀어 올리는 지게

하늘 가까이
열두 번을 쉬고 바튼 기침 하시며
여든 생을 끌며 돌계단을 오르신다

저 모퉁이 돌아가면
관음전이다
고행으로 꽃 한 송이 피워 올린다

일념으로 조아리는 기도의 중심은 나
어머니와

가파른 돌계단 몇 해나 더 오르려나
넌지시 거친 손을 잡아본다.

곰배령

점봉산 배꼽들이 수런거리는 신 새벽
집밥이 대세라는
민박집 아주머니가 닭벼슬을 풀어
잡동사니 꿈을 밀어 내네
오줌보 터트리네

숫매미 자지러지게 목청 뽑는 오동나무 평상
초록 밥상이 한 상 차려지네
고사리, 참나물, 떡취, 곤드레, 각시원추리
집나온 이방인들이 빙 둘러 앉아 주둥이를 비비네
동침한 밤을 비비네

민박집 아주머니 후식으로
곰배령 얼레지에 넋 빠진 검은테떠들썩팔랑나비
녹화 동영상을 차려내네
꽃잎에 더듬이를 묻고 죽은 듯 정지한 화면
침이 꼴깍들 넘어가네
〉

밥값을 셈하려니 손사래가 먼저 나오네
묵어가는 길손 잘 대접하면
집 나간 아들 끼니 굶지 않을 거라고
닭의장풀 닮은 손사래가 차려낸 밥상
어머니의 기도였네.

황새바위 성지

빛의 길을 따라 들어선 성모 동산
예수의 시신을 껴안은 통곡의 성모자상
불볕더위를 온몸으로 입으셨다

어미의 눈에서 붉은 눈물이 흐른다
마른하늘에 날벼락 같은 목숨을 부둥켜안고
걸음을 떼지 못하여 울고만 있다

누군가 성모자상을 위로하려고
십자가 묵주를 선물하였다
한 개, 두 개, 열 개, 오십 개
위로를 세다가 주머니 속 흰 손수건 한 장
묵주 곁에 놓는다

너무 큰 슬픔 앞에서 말문이 막혀버린
유두절의 황새바위 성지.

매미가 울다

창밖에서 매미가 운다
맴맴맴 운다
세살바기의 귀가 둥그래진다
손으로 매미의 울음을 가리킨다
내가 묻는다
매미가 어떻게 우니?
잉잉잉
아니, 매미는 맴맴맴 울잖니
아니, 매미가 잉잉잉
손등으로 우는 흉내를 낸다.

월정사 전나무 숲길

눈 쌓인 길이 고요한 순백의 편지지다
첫머리에 너의 이름을 부른다

헝클어지고 부쩍 말이 길어진 너의 입술에
눈송이로 날아온 문장

바람의 말들이 허기로 들어서서 산사 가는 길을 붙들고
봉인되지 않은 안부를 묻는다

눈 쌓인 길은 첫머리 인사처럼 막막하고
등을 밀고 간 찬바람이 전나무 긴 다리 사이로 빠져나간다.

축사

원로시인은 안 먹어도 산다 코도 막혔다 잘 차려진 뷔페식 식사를 까맣게 잊은 채 강으로 흐른다 당나라 두보와 이태백의 여산폭포가 여음구로 흘러흘러서 용비어천가, 월인천강지곡의 물굽이를 시나브로 감아돌 때 지글지글 크림파스타 볶는 소리가 난다 슬쩍 돌아본 즉석요리 코너에 떡갈나무숲에서 채취한 버섯요리와 거위 간요리가 오늘의 특선메뉴다 요리사가 철갑상어알 일품초밥을 다보탑으로 쌓아올린다 강에 귀 기울인다 송홧가루 날리는 윤사월의 물이랑을 청록파가 노 젓는다 테이블에 놓인 백산수를 참다랑어 눈물주로 여기며 단숨에 넘긴다 만주벌판을 말달려온 허기를 뷔페에 차려진 요리의 이름으로 날랜다 원로시인의 축사가 고문으로 흐른다.

어달리 방파제길

딱 멈춘 걸음이 썰물로 무너져 내린 길이야

눈 와요, 함박눈이 춤추는 바다에 가득 내려요 퇴근 후, '기차는 7시에 떠나네' 카페에서 만나요 창가에서 눈 내리는 밤바다를 삼켜요 더딘 벽시계의 시침이 오후 네 시라고 뎅뎅거릴 때,

미안해, 어머니가 위독하셔

위독한 눈송이를 무거운 우산으로 받으며 철썩거리는 방파제를 걸었어 발이 묶인 목선이 흔들리는 고무신 같았지 마주치는 연인의 따뜻한 우산 속을 바라보았어

어?

함박눈이 울고 있었어 돌아선 바다가 몸살이었지 '기차는 7시에 떠나네' 카페 간판 위에 함박눈이 내리는 날이었어.

| 제3부 |

애기나리꽃

간병일기

4번과 5번 척추가 밀당하여 어머니를 병상에 뉘였다

소변 줄기를 제거하고 링거수액의 진통제가 선택 사양이 될 즈음 어머니의 지루한 수다가 모터를 단다 만땅으로 충전된 휴대폰이 귀를 연다 이슬이 할머니래요? 달님이 엄마라요 절에 갔다 왔소? 스님 법문이 궁금하잖소 뚱땡이랑 깨곰보가 우째 알고 팥죽을 쑤어왔잖소 숫가매골에 대추나무집, 그 댁의 자제들은 마카 잘 풀렸다 안카요, 큰아는 별을 달고 작은 아는 무궁화 훈장을 받았다요. 그 아래 막내는 오대양 육대주를 제 집 드나들듯이 한다는데, 재취로 온 그 댁 어머이 관음제일에 시주도 많이 올렸을기래요 한 푼도 안 올렸다고요? 얄궂제, 있는 사람이 더 무섭다 안카요

엄마!

그 순간 수다가 움찔한다.

무릉반석에 뜬 별

소풍 나온 초등학교 1학년 아이가 되어 눕는다 병풍바위를 에두른 조선소나무 잔등에 포롱거리는 어린 새들 재잘거림을 듣는다 동급생끼리 둘러앉아 수건돌리기 하던 봄 반석을 타고 미끄러지는 물 흐름을 따라 종이배가 동동거리던 호랑 소, 용이 승천했다는 오름을 따라 몸을 뒤척인다 곱추 등의 담임선생님께서 반석에 그려진 양사언의 초서를 소나무지팡이로 짚는다 무릉선원 중대천석 두타동천 빈 도시락에 오후의 산그늘이 들어앉으면 어김없이 합창으로 재잘거리는 교가, 학소대 골짜기에서 1학년 3반 모여라 소리가 별나라에서 온다.

열아홉 엄마의 딸

이른 아침, 열아홉 엄마가 아가를 안고 어린이집 현관을 들어선다 포대기에 싸인 아가가 엄마를 안 떨어지려고 운다 아가야, 울지 마라 엄마는 캠퍼스의 새내기란다 미분과 적분의 가파른 상승곡선을 타고 흔들리다 신명나게 들어서는 봄이란다 첫돌 지난 대문니가 맘마, 맘마 하는구나 엄마는 단칸방의 월세며 너의 기저귀, 분유를 마련해야 한단다 아르바이트로 45초만에 햄버거를 한 개씩 만들어야 한단다 고단한 엄마를 위해 웃어드리자 아직은 이른 너의 태동에 놀라고 기쁨도 잠시 벼랑 앞에서 얼어붙었을 거야 불면으로 우는 엄마를 생각해주렴 꽃이 방글거리는 봄이잖니 울지 마라 아가야, 뚝!

흔들그네

그와 나란히 흔들그네를 타고 있지요 흔들그네는 죽은 듯 수평선에 정박한 배를 보고 있어요 오후의 파도가 바위벽을 오르려고 안간힘을 써요 수없이 무너지는 파열음이 바다 쪽으로 사라질 때 그의 침묵이 또박거려요 그는 서운한 게 많아요 그의 새 여자에게 줄 진주반지는 이미 헌 여자가 된 제가 꿀꺽 삼켰지요 우울증은 고르지 못한 일기가 준 선물이에요 그는 집채만 한 판돈을 싹쓸이 할 거랬어요 미끼로 쓸 함선을 보내 달래요 그의 절박한 울음을 귓등으로 흘린 건 제 탓이지요 그는 갑자기 그네를 버리고 백사장을 마구 달려요 분풀이 할 물때를 만났나 봐요 그를 보내며 나는 수평선에 정박한 배를 보아요 죽은 듯이.

전화 걸기

세살바기가 장난감 전화기를 내민다
"꼬꼬 집에 전화해 줘."
"뭐라고 말해요?"
"반 반 좋아."

자장가

세살바기가 낮잠 드는 이부자리에는
애기똥풀이 무더기 무더기로 피어서
눈 말똥거린다 콧잔등을 비빈다

마루 밑의 멍멍개 앞마당의 꼬꼬닭
부뚜막 위의 고양이 울음소리도 잔다

거북이걸음으로 오는 잠 잠 불러 오려고
뒷동산의 뻐꾸기, 앞마을의 부엉이 울음도 잔다

오늘은 조금 더 멀리 깊은 산속
호랑이 울음소리 어흥어흥 무서워
사르르 눈꺼풀이 내려앉는다.

장군이

네살바기처럼 어리광을 부리는 일곱 살이다 막무가내인 손을 끌어 이름쓰기를 가르친다 획순을 따라 지렁이만 꿈틀거린다 목요일은 아빠랑 노는 날이다 아내가 두 명인 장군이 아버지는 쉰둥이, 장군이가 열이 펄펄 끓어오를 때 못 오신다 그러나 목요일에는 아빠를 독차지하는 장군이다 금요일이 되면 혀 짧은 소리로 아빠의 목마 자랑을 한다 장군이의 꿈은 이순신이다 까치발 들어 창밖을 자꾸 내다본다 그 동공에 먹구름이 가득하다.

전화

어머니, 오늘 퇴근 늦어요 저녁밥 혼자 드세요 명이나물 초절임이랑 민어구이 따뜻하게 데워 드세요 청국장에 밥 말아 드세요

홍! 밥은 먹어서 뭐 하냐!

뚝 끊긴 스마트폰 화면에 살얼음 보료가 깔린다 보료 아랫목에 손을 넣는다 산더미로 쌓인 서류더미를 들추다가 속이 부글부글 끓는다 끓는 속이 재빠르게 번호를 누른다

어머니! 무슨 말씀을 그렇게 하세요? 어머니가 실어나르는 카카오톡의 글, 답장 꾸물댄다고 토라지시고, 해외출장 말씀만 드리면 말허리 뚝 자르시고, 선물로 사드린 햅번모자는 깃털장식 흠잡으시고 그깟 돈, 그깟 돈 어머니가 주실래요?

묵묵부답인 보료의 안색을 살핀다 후끈 달아오른 화면이 통화버튼을 눌러달라고 깜빡인다 때마침 걸려온 전화를 받

는다 에미야, 내가 생각이 짧았구나 일 해라

스마트폰 화면의 살얼음 보료가 사르르 녹는다.

낯선 길을 걷다

대관령, 봉평, 새말, 문막
가산을 탕진한 아버지가 시외버스를 몰고
흙먼지 일으키며 달리던 길이다

아흔아홉 구비 멀미나도록 오른 고갯길
등 굽은 장승이 이정표 되어 손짓하는 삼거리

오일장터가 북적거린다
메밀국수 한 대접 후루룩 말았을 난전

저세상의 아버지가 남겨둔 길을 따라
아카시아 꽃향기 꿀물로 번지는 흐린 지도 속

뭉툭한 연필심을
아버지가 일으켜 세운다.

다시, 또 목련

백목련나무와 나무 사이에 '천안함 침몰사건 6주기' 현수막이 걸렸다 검정색 명조체 글씨가 울음인 듯 바람결에 흔들린다 천둥 같은 어뢰가 다녀간 자리에 우수수, 하얀 꽃잎 떨어졌다 군모와 군화 제복의 연병장에 구보소리 우렁차다 이등병 계급장 너머 부사관 계급장 달며 온 세상을 다 얻은 봄도 잠깐이다 구멍 난 선체를 흔들며 목 놓아 불러도 싸늘한 꽃, 이 봄을 어찌 건너라고 천안함은 피었다 백목련* 꽃말을 떠올린다.

* 백목련의 꽃말은 '이룰 수없는 사랑'이다.

애기나리꽃

지하철역 입구에 쇼핑백이 놓였다 여미고 여민 품새가 궁금하여 안을 열었다 강보에 싸인 애기나리꽃, 양수에 불어서 쭈글쭈글하다 습기 잃은 부엽토가 바스라진다 첫 울음을 거둬간 별밤, 수줍은 배내짓이 새순 틔우며 탯줄을 감는다 호기심을 발로 찬다 만삭의 보름달이 야생화의 그늘에 쌓이는 울음을 덮는다 역사 밖 공터에 십자가 꽃 한 송이 심는다.

맨드라미 혈서

유배살이 하던 초가에 들어선다

마당 가득
붉은 맨드라미가 꽃대를 흔든다

어긋나게 달리는 잎새 뒤

막 붓을 놓은 먹물이
붉은 획순마다
우국충정이다

혈서로 적어올린 상소문이 대역죄 되었다
파도에 갇힌 초가의 붉은 한낮

곡기 끊긴 마당에 엎드려 올리는
맨드라미의 혈서를 읽는다.

열 살

아버지의 살찐 악어몸피 지갑이 호시탐탐 저를 유혹해요

빨간 혓바닥을 날름거리는 비단뱀도 살 수 있어요 볏이 붉은 암탉도 살 수 있어요 줄이 긴 목걸이도 살 수 있어요 모이통도 살 수 있어요 후크선장이 거느리는 해적선도 탈 수 있어요

아버지의 지갑을 열었어요 백 가지의 욕망이 잘 차려진 만물상에서 신이 났지요 무지개 맛 알사탕과 구름 빵, 암탉의 먹이와 해적선 티켓을 샀지요 낮잠 속에, 악어몸피 만큼 부른 배를 뉘였어요

천둥 같은 암탉의 울음소리에 눈을 떴어요 만물상 아주머니와 악어 이빨을 허옇게 드러낸 아버지가 나를 보고 있었어요 배보다 배꼽이 더 큰 거스름돈, 흘려서 들통 난 열 살이에요.

다문화 가족

칼라꽃이 낯가림을 한다 발목이 푹 젖도록 물을 주어도 도리질이다 주둥이를 삐죽 내밀며 심술을 부린다 그늘에서 잘 자란다는 결 고운 백색 웃음이 좋아 거실에 들였다 며칠째 입을 꼭 다물고 묵묵부답이다 암술머리의 노란 머리핀이 달랑거린다 겁먹은 잎사귀가 창문을 가리킨다 암죽을 끓일까, 영양제를 놓을까, 궁리 끝에 젖을 물린다 식도를 넘어가는 비릿한 냄새가 발버둥친다 주둥이를 씰룩거린다 낯가림이 사라진 뒤 안아달라고 보채는 다문화 가족, 그 아이의 하얀 웃음을 떠올린다.

노송도

—소치 허련의 8곡 병풍

거북이의 등에서 피가 난다
구부정한 몸통에
당당하게 뒤틀린 가지

부드러운 곡선이 용솟음치며
다시 살아서 내달리는 쥐라기
육식공룡 한 마리가
이끼 낀 먹물을 턴다

일필휘지, 내달리는 원경의 끝

비늘마다 꽃가루 공기주머니가 눈 부릅뜨고
여의주로 번지는
붉은 낙관

노송도 8곡 병풍 속에 거북과 공룡이 살고 있다.

문자 이모

낫 놓고 기역자도 모른다 답답한 속내가 귓속말을 한다 가갸거겨 토끼 발등에 거북이 발등을 얹는다 고단한 부엌 일, 아름드리 세탁 일, 눈꺼풀이 내려앉는 청소 일, 허리 펼 짬 없이 달려 온 교수님댁 부엌살이. 반평생 한이 된 문맹탈피는 카톡방 입문이라니,

몽당연필로 까막눈에게 개안 수술을 한다 비밀로 하는 둘만의 과외비는 얼음 동동 띄운 콩국수, 노각무침, 열무비빔밥이다 깍두기공책에 또박또박 눌러 쓴 나비, 나비가 부화하여 날아간 곳은 샛노란 무장다리 카톡방이다

봄은 멀지만 이모를 초대한다 '알토란 손자와 웃음꽃 피우세요.' 뭉툭해진 연필심 끝에 까막눈 조리개가 새소리를 연다. 카톡, 카톡!

캥거루족

주머니 속이 훌쩍거린다
휴지통 속에 구겨 넣은 자기소개가 아직도 진술하면서 불끈거린다

취미는 권투, 글러브 없이 녹다운시킨 불곰 여러 마리
특기는 장대높이뛰기, 까마득한 하늘을 뛰어넘다가 아파트 옥상에 머물기 일쑤
주 종목은 달리기, 수상경력 없음

천리 길도 몸부터 만들어야지
주머니 밖 세상은 신종플루 독감 천지란다
멀리뛰기, 창던지기는 연습이 중요하지
바람을 가르는 원반은 어미가 던져주마

오리무중인 취업전선을 턱걸이하며
등골이 천 근으로 내려앉는 늙은 주머니 속이 훌쩍거린다

창밖에서 잔소리를 퍼붓는 소낙비.

만찬

그의 기억에서 사라진 생일이다
혹시나 했던 바람이 여지없이 무너진다
나를 위한 상을 차린다
캐나다에서 직수입한 랍스터와 마늘빵, 백합조개와 전복버터구이 찜이다
촛불을 켜고 생일축하 노래를 부른다
보르도와인이 펑, 하며 축하의 팡파레를 울린다
유리잔 속에서 그가 운다
그에게 전화를 건다
오늘은 집에 오지 마!
묻지도 따지지도 마!
만찬이 취한다
랍스터의 속살이 야들야들하다
백합조개는 첫 키스의 말캉거림이다
보르도 빈 병이 휘파람을 불면 만찬을 끝낼 거다
딩동, 초인종이 울리기 전에, 감쪽같이.

깜장대문집

헐거운 대문을 열면
감나무 아래 흰둥이의 집
왈, 왈, 달려나와
꼬리치는 목덜미가 간지럽다

살구꽃 피어 환한 날
빨강색 우주복을 입은
오른손 엄지를 젖꼭지처럼 빠는
세 살 박이의 여자아이를 잃었다고

허둥대는 어머니의 발자국이
마당 가득 도돌이표를 그리는 것을
흰둥이의 집에서 내다보는
또록거리는 눈 네 개

흰둥이는 목줄을 풀어 아버지처럼
선산 양지 녘에 꼬리를 묻고

백태 낀 눈 비비며 살구꽃
환한 봄 풀어놓는 깜장대문집의 모녀.

신작로가 있었던 풍경

그의 집으로 가는 길은 목이 마르다
노루목 고개 넘어
산비탈을 따라 보폭을 적시다 보면
물끄러미 다가서는 구부정한 신작로
흙먼지가 일어나며 반긴다
무명옷 입은 저 세상의 팔이 웃는다
그를 잃어 주눅 든 어깨를 펴며
웃자란 더벅머리
말끔하게 면도한 상석에 누룩냄새
그윽한 길을 부어올린다
붉은 신작로가 저녁 안개에 덮힌다.

| 제4부 |

우란분절

카페에서

커피는 여자다
꽁지머리를 한 청년의 주문을 곁눈질 한다
에디오피아산 원두를 가리키는 꽁지머리의
떨리는 손끝에 아프리카 원주민의 손톱이 반짝거린다
그녀가 보조개를 피운다
적도의 바람, 숨 막히는 바람이 달궈놓은 맛을 볶고있어요
절정기의 맛이지요
찻물향도 시큰둥한 꽁지머리를 한 청년이 어깨를 으쓱한다
천장에서 샹들리에가 진저리를 친다

꽁지머리의 취향을 빗나간 맛이 머그잔 속에서 몸을 움츠
린다 그녀가 눈웃음을 흘린다
다양한 원산지들이 솥 안에서 볶인다

우란분절

스님의 목탁소리가 하늘문을 연다
밤마다 천장에 거꾸로 매달린 죄가
가위눌림을 하다가
법당 밖, 영가등에 매달린다

지장보살을 부른다

젯밥에 눈멀어 스님의 밥도 몰래 비벼먹은
탐심이
스님의 가사장삼 소맷자락에 엎드려
업장소멸을 빈다

까마귀 떼가 몰려와
억겁을 울려고 하다가 사라진다
목탁소리를 밟고 다니는 어린 새들이
저녁나절, 불경을 읽는다.

리허설

가야금이 발 빠르게 가부좌를 튼다
7번 마이크가 심호흡을 한다
핀 스폿이 들어오고
산조의 느린 가락을 따라 시를 낭송한다

가락이 길면 시가 짧고
시가 길면 가락이 모자란다
점심도 거르고 맞춰보는 엇박자

그와 사는 일이 그렇다.

그, 숲을 엿보다

편백나무가 하늘을 향해 몸집을 키운다
햇살 나누기 좋을 만큼의 거리를 두고
가지를 펴고 잎을 틔운다

고생대를 달려온 바람이 회오리치며
수직의 몸통을 흔들어도
의연한 뿌리로 버티는 힘줄을 따라
살받이 게 거미가 고단한 하루를 감아올린다

나무와 나무 사이
울창한 숲에 노을이 내려앉는다

오목눈이와 사슴풍뎅이, 길 앞잡이 애벌레가
언성을 높인다
반상회다

편백나무 집을 엿본다

어리여치가

놀이터에서 돌아온 아가들의 신발을 툭툭 턴다.

도깨비 문고리

부릅뜬 눈, 다문 입
방망이 든 장식이 심호흡을 한다

고리를 틀어쥐고 문을 힘껏 잡아당긴다
외곬으로 눌러앉은 충심이
강력하게 저항한다
주술에 걸린 도깨비손이 암호를 두드린다

성난 호기심이 걸개에 매달려
으름장을 놓는다
낮도깨비 작두를 타며 휘두르는 장단
주춤하는 빗장을 자꾸 열자 한다

음모가 대포폰을 타고 흐르는 안가
부끄러운 민낯이
포승줄에 묶인다 낮도깨비가 황금의 뼈를 꿰어 맞추는
늦가을을 건넌다.

피노키오공화국

거짓말을 하면 코가 커져요 알면서 모른다 하면 코끝에 엉뚱한 가지가 돋아요 조롱박새가 둥지를 틀지요 비대한 둥지에 날아든 올빼미를 보았나요 우주의 눈을 빼먹고 달아난 고래의 뱃속을 뒤졌어요 새총도 없이 벙어리뻐꾸기가 휘파람새의 둥지를 삼킨 양심의 꽁무니를 잡았지요 말을 바꾸면 꽁무니가 길어져요 여우의 귓속말은 믿을 만하지요 환락의 섬에서 파티를 열어요 억, 소리가 날 때쯤 촛불을 피울 거예요 고래의 재채기가 낭자한 내장을 발설하면 넘어야 할 산이 꼬여요 거짓말의 꼬리가 밟혀요 제발, 코를 제자리에 돌려주세요.

장미의 정원

기억의 등을 밟고 오른다
달뜬 숨이 턱밑까지 차오르는 희망촌
가파른 하늘이
신혼세간의 잦은 서랍을 연다

만삭의 몸이 기울이는
가로등 너머
마을버스 정류장
눅눅한 그가 휘파람을 분다

도시개발 정비구역이 헐어낸
빨간 줄장미가 이불처럼 널렸던 담벼락
보푸라기 핀 수첩 속
산 71번지

신혼살림이 여물었던 자리에
'장미의 정원' 입간판이 서있다

커피를 주문하며 둘러보는 방 안

이제, 그의 휘파람소리는 날아오르지 못한다.

꼭두각시 인형

둘이서 인형을 잡아당긴다 서로 내 것이라고 팔을 감아쥔다 다리를 움켜잡는다 색동저고리의 고름이 뜯어진다 남색 치마가 속곳을 드러낸다 줄다리기하는 몸통이 늘어난다 실밥이 뜯어지는 순간 눈앞에 별이 보인다 마빡을 얻어맞는다 입이 비뚤어진다 공중그네를 타다가 헛발질을 한다 탈진한 몸이 억센 손아귀에 끌려다닌다

인형을 놓는다 서로 가지려던 팔이다 울고불고 매달린 버선발이다 헝클어진 머리를 손 빗질하는 꼭두각시인형, 눈빛이 어리둥절하다.

오리발

여의도 선착장에 닿는 물살은 오리발이 무기였어요 벼룩시장에서 가성비가 좋은 오리발을 구했어요 작은 발에 꼭 맞는 물갈퀴와 탄성이 살얼음판을 달리는 몸의 저항을 키웠어요 심호흡이 물 타기를 했어요 늘어난 폐활량이 오리발의 물갈퀴를 늘였다 조였다 했어요 보온성이 없는 물밑 속사정은 짜깁기를 했어요 추진력을 잃은 오리발이 갑자기 닭똥냄새를 풍겼어요 오리발을 벗어 닭 잡아먹은 주둥이를 사정없이 내리쳤어요 오리발을 벼룩시장에 던져버렸어요.

줄장미가 살았던 담벼락

낙서가 취미예요, 버스정류장 앞 맨들거리는 시멘트벽은 질감이 뛰어나요, 마티에르를 살리는 기법은 지구본 뒤에 숨은 그믐달이거나 쉼 없이 머물렀다 사라지는 바퀴들의 꽃무늬를 탁본해요, 유성펜의 심지에 오월의 독을 풀어요 오지 마, 오지 마, 오지 마, 샤넬체로 궁글려요 하르르, 알약으로 쏟아지는 벚꽃 잎을 삼켜요 낙서는 벽을 삼켜요 빨간 장미 넝쿨이 이불을 펴요, 그래요, 그의 언 몸은 가시가 도려낸 장미문양 꽃 프린트여요, 걸음을 삼킨 버스정류장에서 신혼을 즐겨요, 낙서를 펴요.

비늘

선상가옥의 처마에 빨래를 넌다
아름드리
야자수 나무가 길어 올린 햇살을 엮어 만든
나뭇잎 배

맨손으로 노 저어가는 바다에 길을 내면
굳은살 박인 다금바리와 감성돔이
잠영질치며 늙은 배의 등을 긁는다

투망으로 끌어올린 바다가 만삭의 몸으로 익으면
비늘마다 건기와 우기의 아가미를 연다
피항하며, 닻을 올리며
눈 푸른 치어들의 등지느러미를 쓰다듬는다

흐르면 흐르는 대로
물살이 그려내는 등고선을 따라
일렁이는
비늘을 벗어서 넌다.

그, 뒷골목

하롱베이의 뒷골목, 맛사지를 하는 가게의 침상에 눕는다 30불을 주고 전신맛사지를 주문한다 열일곱 소년이 김이 하얗게 오르는 통나무 물통을 들고 와 생긋 웃는다 물통에 발을 담그라고 한다 소년의 숙련된 손놀림이 굴절된 등뼈의 문장을 읽는다 등줄기마다 실하게 뭉친 근육이 원심력을 잃는다 호랑이 기름 냄새에 취한 나른함이 통증에 시달리는 어머니의 어깨를 부른다 1달러의 노동이 모여 생계가 되는 소년의 어머니를 생각한다 국적이 다른 어머니와, 어머니가 떠올라 쭈르르 눈물이 난다 소년이 묻는다 맛사지 아파?

섬

치매에 갇힌 바다를 열고 외출에서 돌아온 아버지가 외투를 벗는다 여든의 어머니가 턱받이 손수건으로 입가의 오물을 찍어내는 가정방문, 복지사 아주머니의 분홍빛 립스틱과 아버지의 단단한 어깨를 번갈아 보더니, 케토톱 헝겊파스로 밀봉한 관절을 느닷없이 일으킨다 복지사 아주머니의 머리채를 미역귀 낚아채며 밀어젖힌다 이X, 이 고약한X,여기가 어디라고 발을 들여. 나가, 나가라고 거품 문 바다가 뒤집힌다 놀란 아버지가 발정난 기억의 부표를 더듬는다 어머니가 집게발로 단단히 움켜쥔 허벅지며, 목덜미를 물어뜯는다 까닭을 모르는 아주머니가 비명을 지른다 아버지가 흙탕물 바닥을 뒹구는 알몸을 떼어낸다 밀물이 들기도 선에 아주머니는 바다를 탈출한다 잔잔한 바다, 어머니의 등을 밀며 묻는다

아주머니에게 왜 소리질렀어요?

내가 언제?

욕조에서 비누거품이 끓는다.

조각보 바느질

심심한 날은 늑골에 갇힌 상처를 꺼내요, 얼룩을 닦아 시침질해요 몬드리안의 구도로 덧대어요, 십년을 삭혀도 울음이 덜 빠진 조각은 가장자리로 밀어요 세월이 얼만데, 옹졸한 심보는 나잇값이 헐해요 오해로 돌아선 전두엽은 중심자리에 박음질 쳐요, 밴뎅이 소가지는 오지랖의 평상에 슬며시 뉘여요, 무릎과 무릎, 등과 등이 기대어 가리개가 되어요, 심심한 날은 상처도 귀한 소재여요.

묵호 등대

나선형 관절을 따라 회랑에 오른다
침침한 백열등의 안구에 돋보기를 씌우면
굴절 고리가 등탑을 돌며 항해를 살핀다
길을 열어 풍향을 밟거나
암초의 서식지는 먹잇감이 미끼를 던지는
젯밥일 수 있으니
불법이 회오리치는 바다이야기에 물들지 마라
어획량을 늘이려고 항로를 벗어나지 마라
만선을 꿈꾸는 조각배는 늙은 동공의 말을 잊는다
깡으로 버티다가, 돌려막기를 하다가
좌초하여 본전을 헤엄치는 멸치 떼가 되어
돌아 온 항구
텅 빈 주머니 속에서 나선형, 분노로 끓어오르는
미끼들의 입질에 물린 초간편대출
즉시 입금 신용 없이 무담보 가능 고리 달린 볼펜심이
풍향계를 기웃거린다
침침한 관절이 송두리째 무너지는 등대 속
돌아온 탕자가 무릎을 꿇는다.

소금 햇살

붉은 함석지붕 위에 정오의 햇살이 쏟아진다 가족을 구름마차에 태워 일본으로 보낸 중섭이다 지인이 마련해준 방앗간집 2층 작업실은 눅눅한 안개와 적막이 붓질을 한다 캔바스에서 잠시 빠져나온 중섭이 곰팡이 핀 거웃을 꺼내어 해바라기를 한다 목마른 햇살은 중섭의 머릿결, 속눈썹, 콧수염, 땀 절은 겨드랑이를 소독한다 거웃을 부채질한다 중섭이 서른의 고른 치아로 웃는다 춤추는 햇살이 혼잣말을 한다 쓸데없는 거웃이 더욱 쓸쓸해진다 방앗간 집 창문에서 햇살 걸음으로 멈춘다 소금냄새가 난다.

푸른 등

노인이 손자를 업고 있다 포대기를 두른 굽은 등이 요람이다 마당을 서성거리며, 대문 밖을 내다보며 발자국 소리에 귀 기울인다 노인이 칭얼거리는 동생을 업었던 포대기를 푼다 행상 가신 어머니가 해 저녁이 되어도 기척이 없다 가파른 등이 서툰 울음꽃을 피운다 평상에 포대기를 펴고 앉아 손자를 끌어 앉는다 무릎을 베고 눕는다 등을 기어오른다 첫돌 지난 옹알이가 사과꽃잎으로 벙근다 저승 간 어머니가 믿었던 암반석만 한 등이다 동생이 기댔던 등이다 아들과 며느리가 제 등처럼 여기는 벌판이다.

라라랜드

영화의 첫 장면은 꽉 막힌 도로다 되는 일이 없는 일상을 팝콘에 녹인다 골방에 들어앉아 준비하던 신춘문예는 빙벽의 봉우리가 까마득해서 접는다 문예창작기금 공모전을 기웃거린다 뛰는 걸음 위에 나는 날개가 많다 남자 주인공인 라이언고슬링과 여주인공 엠마스톤이 되는 일이 없는 하루의 끝에서 묻는다 우리는 어디까지 와 있는 거지? 나에게 대답한다 그냥, 흘러가는 대로 가보자 노을이 홍건한 스크린이 유혹한다 이면지와 폐지로 둔갑한 원고뭉치를 뿌린다 자판을 벗어난 시가 별바다다 별을 밟고 춤춘다 라, 라, 라, 날아오른다 나를 비켜간 운명의 손을 잡는다 이룰 수 없어서 간절한 꿈을 잡는다 춤추는 하늘에 팝콘을 뿌린다 함박눈이다 스크린으로 영화의 엔딩이 흐를 때 나와 하이파이브한다 체증에 갇힌 시가 뚫린다.

|해설|

사이差를 채워가는 '원환圓環'의 시학

—정미소의 시세계

백인덕 | 시인

1.

형상은 본질을 반영한다. 꽤나 그럴듯하게 들리지만, 이 우주에서 원자 단위의 미시적 차원이나 은하를 다루는 거시적 관점에서는 아무 의미도 없는 중얼거림이 된다. 본질은 고사하고 고정된 형상조차 없다는 것이 과학적 사실로 증명되고 있다. 오직 공간상에서의 변화(시간은 공간의 변화를 측정하기 위해 도입한 변수일 뿐이다)만 있을 뿐이다. 하지만 우리는 매 순간 외부 자극을 지각하면서, 적절하게 반응하기 위해 지속적으로 사유하는 존재이다. 따라서 고정된 형상과 그에 걸 맞는 본질을 매 사건마다 창조해낸다. 그것이 불변의

것이 아니고, 따라서 자연법칙으로 환원할 수 없는 것이라 할지라도 그 창조 과정과 창조물을 통해 유한에서 무한까지 겨우 찰나에 걸린 우리의 삶을 체험과 관계의 방식으로 변환한다. 이 변환이야말로 본능에서 한 발걸음 걸어 나온 인류의 위대함이고 그것은 상상력이라는 이름으로 여기-지금의 문명과 운명을 새로운 방향으로 이끌고 있다.

2.

정미소 시인은 이번 시집, 『벼락의 꼬리』를 통해 시정시의 본질에 충실하면서도 참신한 존재론적 기획이 엿보이는 시 세계를 보여주고 있다. 서정시의 본질에 충실하다함은 간략하게 말해 "가장 주관적이며 개인적이며 일회적인 것으로 이 전에는 단 한 번도 존재한 적이 없는 새로운 정조情調를 열어 보인다."라는 독일 시학자 에밀 슈타이거의 정의에 부합한다는 것이다. 존재론적 기획이라고 한 것은 관계에 대한 인식이 '사이(차이)'의 형성과 변모에 걸려 있다는 점을 말한 것이다. 이 때 '원환 상징'이 작품들의 기저基底에서 은밀하게 활성화되는 양상으로 나타나는데 자세한 내용은 뒤에서 작품 분석과 함께 살펴보기로 한다. 시집의 처음은 이른바 '소통에의 지향'으로 시작된다.

해질녘, 2층 방 창문을 두드리는 먹감나무의 두툼한 입술에

> 귀 기울인다 말하고 싶어 내 창을 기웃거리는 안색이 붉은 나뭇잎, 달싹거리는 잎을 따라 줄기와 몸통에 고인 말들의 문이 문을 두드린다 바람이 불 때마다 아랫입술을 도르르 말았다가 펴는 입, 말매미의 울음과 고추잠자리 쉬어간 자국마다 실주름이 진다 빈 감꼭지가 풋풋한 여름으로 차오르는 소리를 듣는다 천둥과 장맛비와 긴 가뭄이 가두었던 먹감나무의 깊은 그늘이 한 걸음 두 걸음 다가오고 있다 나무의 입이 무거운 속내를 열고 있다.
>
> —「나뭇잎은 나무의 입이다」 전문

주지의 사실이지만, 대상으로서 나무는 부동不動의 상징이다. 그러나 돌이나 바위 같은 광물(무생물)이 아니라 생물이라는 점에서 변화의 과정이 '성장→ 쇠락→ 소멸→ 재생'이라는 단계를 밟고, 이 유사성이 우리 삶과의 개연성蓋然性을 보장한다. 아마도 많은 시인들에게서 사랑받는 이유일 것이다. 시인은 '말이 하고 싶어' 조심스레 "2층 방 창문을 두드리는 먹감나무의 두툼한 입술에 귀 기울인다" 시의 표면에 드러나듯이 시인과 먹감나무가 주고받고자 하는 것은 "말매미의 울음과 고추잠자리 쉬어간 자국마다" 남은 '실주름'이거나 "빈 감꼭지가 풋풋한 여름으로 차오르는 소리"가 아니다. 진정으로 원하는 것은 '무거운 **속내**'이다. 또한 시인은 「느티나무에게」는 "내 얘기 들어줘서 고마워"라고 감사를 전한다. "몸 하나로 수직의 하늘을 건너고 있는 우직한 어깨"가 미더워 "딱 지금이야 죽고 싶어"라고 가슴 가장

깊은 곳(속내)을 털어 놓을 수 있다 한다. 이처럼 시인과 나무는 '주체-객체'의 관계를 새롭게 정립한다. 주체성은 확립을 위해 대상을 일정한 거리상에 확고하게 배치하는 것도 아니고, 섣부른 감정이입으로 대상을 자기화하는 것이 아닌, 이른바 '대화'라는 소통의 방식을 통해 거리距離(사이, 차이)를 인정하면서도 '회감回感 곧 융화融和의 상태'를 지향하는 것이다.

시인의 이런 기질은 '선천적'일까, 아니라고 분명하게 말하고 있다. "그의 내향성은 후천적이다"(「초승달에게 반하다」)는 선언이 이를 뒷받침한다. 여기서는 "세상의 뒷골목 군소리 없이 버틴 하이힐의 저 안쪽 비좁은 숨 막힘이 박리증에 시달린다"는 신고辛苦의 목소리가 새어나온다. 하지만 예의 "각질 더미에서 더는 버틸 수없는 그의 **속 소리**를 끌어안는다."는 태도를 보인다. 체험적이라 할 수는 있지만 근원 정서로서 '소통에의 지향'을 불러 일으켰다고 보기는 어렵다. 더욱이 나무와 달은 '천상의 지향'이라는 점에서는 유사성은 같지만, 부동과 흐름이라는 성질상 완벽하게 부합하는 이미지라고 보기는 어렵다.

내 방에는 유월의 아카시아나무가 자라요
아카시아 나무는 벽지 속에서
틈만 나면 눈을 반짝거려요
나를 유월의 숲속으로 데려갈 궁리를 해요

내 방에서 자라는 아카시아나무는
숲속의 친구가 그립다고 해요
햇빛과 날다람쥐, 조롱박새에게 돌아가고 싶어 해요
아카시아나무는
내가 산소호흡기 가늘고 긴 호스를 코에 넣고 있을 때
한밤중, 체열이 40도를 오르내릴 때
잠자코 기다렸다가
샘물 돌돌 흐르는 유월의 맑은 숲을
나에게 주고 싶어 해요
가자, 어서 가자 손을 이끌어요.

—「중환자실」 전문

원초적으로는 '중환자실'에 붙잡혀 있는 '나'와 '벽지' 속에 붙박인 '아카시아나무'의 관계가 '속내'로 은유된 시인의 꿈, 혹은 지향을 해석하는 열쇠가 된다. "햇빛과 날다람쥐, 조롱박새"가 있는 "샘물 돌돌 흐르는 유월의 맑은 숲"이 시인과 나무가 함께 꿈꾸는 말 그대로 생명과 활기가 차고 넘치는 시-공간인 셈이다.

이렇게 이해했을 때 이번 시집에 내재한 몇 개의 의문도 자연스럽게 풀리게 된다. 하나는 공간으로서 '도시'나 도회적 생활 방식이 드러날 때 시인이 거듭 내비치는 회의적인 인식이다. 가령 「물소가죽 핸드백」에는 '폭탄세일'하는 그 핸드백을 사는 광경光景이 "간덩이처럼 부어오른 활자가 널을 뛴다/선물공세, 매입, 매도, 개미군단, 휴지조각/시세 파악에 빠른 아프리카산 물소 한 마리가 내장을 뒤로 한 채 초원으로 달린다/나도 검은 핸드백을 뒤로 한 채/내 운명의 별자리를 바꾸어 아프리카,/아프리카산 물소가 되어 초원을 내달린다"처럼 자기비하적으로 그려지고 있다. 다른 하나는 계절(시간)과 관련해서인데, '입춘대길'이라는 시어가 일반적으로 지시하는 희망과는 달리 시인에게 입춘은 어딘가 불안한 시점, 순간으로 육화肉化된다. 이는 「3번국도」에서 "입춘대길, 초서가 동강 나 목젖이 터지도록 운다 불안한 울음을 따라 벼랑으로 떠밀리는 늦저녁, 입춘대길 초서의 달뜬 염원을 떠올린다 누군가 탁자에 낙서를 써놓았다 몇 개의 좋은 일과 수많은 나쁜 일이 일어 날 것*이다 나쁜 일은 시가 될 것이다 물레방아는 쉼 없이 불통의 시간을 퍼올린다 캄캄한 국도, 앰블런스가 쏜살같이 지나간다"고 형상화 되고 있다. 굳이 보르헤스의 말이 '낙서'라는 이름으로 등장하지 않더라도 '입춘대길'의 정서를 이처럼 공들여 여러 시행에 걸쳐 '불통'과 '불안'의 정조로 만든 경우를 필자는 아직 보지 못했다. 굳이 사족처럼 희망적인 한 부분을 찾아보자면, "나쁜 일은 시가 될 것이다"라는 시인의 예견인데, 이는 '지하철 환승역 광고 카피'를 보고 자신의 묘비명에 골몰하는 「비명碑銘」의 "'그럼에도 불구하고'/희망행 지하철을 기다린다"와 결합하여 시인의 시작 태도의 일단을 보여준다.

시집의 전반부, 아니 한 축을 '나↔나무'가 맺은 '소통의 방식'을 '속내'라는 은유를 중심으로 살펴보았다. 지금부터는 '원환의 시학'이라 이름 붙인 이번 시집의 핵심 상징의 의미와 시적 가치를 알아보기 위해 시집의 후반부를 읽어보기로 한다. 그 전에 먼저 이 비약의 징검돌을 밟고 가는 것이 보다 확실한 과정이 될 것이다.

3.

정미소 시인은 가시적 형상으로서의 나무가 아닌, 그것이 상상이든 체험이든 여부에 관계없이 시인만이 빚어낼 수 있는 두 그루의 나무를 시집에서 호명한다. 하나는 「고목에게 말 걸다」의 '고목'이고 다른 하나는 「염소나무」이다. 이 두 그루는 시집의 여타의 나무들과는 다른 특성을 드러내는데, 전자는 "느티나무 고목이 열매를 제 가족의 탯줄처럼 거두고 있다" 느티나무라는 이름이 아니라 표제에 '고목'이라고 한 이유를 유추할 수 있다. 이 고목은 '탯줄을 거두'는 나무이기 때문이다. 시적 화자는 이 나무를 '마더나무'라 부른다. 반면 후자는 "내 허파 속에는 울음이 갇혀 뿌리를 내린 나무가 한 그루 자라고 있어요 염소나무예요 마음이 울적할 때 귀 기울이면 염소나무에 매인 염소의 울음소리가 들려요 지금은 별이 된 내 아기의 젖투정 같"은 나무다.

'허파', 호흡하는 매 순간마다 '울음소리'처럼 들려오는 어떤 환청이 더 이상 소통할 수 없는 비가역적 사건의 이면에서 되살아나는 고통을 토로하고 있다. 이 두 나무에서 '탯줄'을 연상하고 그것이 여성만이 특권적으로 누릴 수 있는 몸의 관계란 사실을 유추하기는 그리 어렵지 않다. 문제는 그 가운데 위치한 존재로서 시인의 고민의 깊이와 그것의 시적 형상화의 가치를 가늠해 보는 것이다.

반지를 상상하면 된다. 그것이 거느린 수많은 상징은 일단 접어두고, 형상에 집중해 보자. 원형의 모든 반지는 안쪽 면이 차지했다고 보이는 내부의 텅 빈 공간과 바깥 면이 접촉하게 되는 외부의 열린 세계로 구성된다. 아무리 극미한 차이일 지라도 안과 밖은 이렇게 서로 점유하게 되는 공간의 이질성으로 인해 서로를 속박하려는 강한 집착을 자신의 형성 요소로 받아들인다. 힘들게 안과 밖을 뒤집어도 같은 사건이 일어날 뿐, 세계를 반지 안의 텅 빈 공간에 가두지는 못한다. 이것이 영원, 재생, 탐욕, 허무와 같은 문화적으로 부여된 상징 이전의 형상의 의미라 할 수 있다. 그 역전이 일어나는 지점을 우리는 알고 있다. 시인이 이미 '염소나무'에서 충분히 암시했기 때문이다.

어머니는 저의 단풍물 들인 고슴도치 헤어스타일의 숏커트가
마음에 안 드신대요 새로 산 핫팬츠를 속옷이냐고 물어요 비도

안 오는데 웬 장화냐고요 요샌 여름에도 부츠 신잖아요 벗어둔
부츠 속에서 생쥐가 놀면 어때요 찍찍, 발가락을 꼼지락 뒷꿈치
를 들썩이며 스마트폰에서 흘러나오는 노래를 따라 불렀어요
밥상머리에서 어머니의 불벼락이 떨어졌어요 저도 벼락의 꼬리
를 잡았어요 제가 생신선물로 사드린 스웨터가 싸구려는 아닌지
돋보기로 상표를 훑어보셨잖아요 제 남자친구의 콧구멍이 크다
고 낭비벽 험담을 하셨지요 어머니 닮은 얇은 입술이 싫어 수술
한 건데 돈이 썩어서 굼벵이 이불이 되다니요 저도 어머니가
다 마음에 드는 건 아니에요.

—「벼락의 꼬리를 잡다」 전문

주지의 사실이지만, 모녀관계란 심리적으로 상실감과 죄책감으로 대표되는 관계라 한다. 정미소 시인은 이를 약간은 퉁명스런 해학조로 풀어내고 있다. '어머니는~' 무엇 무엇이 맘에 들지 않고, 가끔 "불벼락을 떨어"뜨린다. 그때 시인도 한번쯤 '벼락의 꼬리'를 잡았다. '제가~' 의 반격인 것이다. 결국 "저도 어머니가 다 마음에 드는 건 아니에요"라는 직격탄을 날린다. 굳이 시에 덧붙일 말은 없다. 다만, '벼락의 꼬리를 잡다'는 표제가 주는 의미심장한 의미를 언급하고 싶다. 물론 작품에서는 표면에 드러나듯(아니 그것이 함의하듯) '불벼락을 내린다'는 것이지만, 방전현상으로서 벼락은 대지와 하늘을, 어쩌면 우리가 일상적으로 늘 별개의 공간이라고 인식하는 두 경계를 순간적으로 연결한다. 찰나

지만 확실하게 관계 맺고 그것을 가시적으로 드러낸다. 따라서 이 작품은 모녀관계가 찰나적으로 형성되는 지점을 그렸다고도 할 수 있다. 관계는 항상 불만을 대동한다.

이번 시집의 후반부에서 시인은 유년의 기억 몇 개를 보여준다.

> 허둥대는 어머니의 발자국이
> 마당 가득 도돌이표를 그리는 것을
> 흰둥이의 집에서 내다보는
> 또록거리는 눈 네 개
>
> —「깜장대문집」 부분

> 천둥 같은 암탉의 울음소리에 눈을 떴어요 만물상 아주머니와 악어 이빨을 허옇게 드러낸 아버지가 나를 보고 있었어요 배보다 배꼽이 더 큰 거스름돈, 홀려서 들통 난 열 살이에요.
>
> —「열 살」 부분

기억은 대부분 환유적이기보다는 제유적이다. 인용한 작품에서 세 살 때의 기억이 '깜장대문'에서 촉발하거나 열 살 때의 사건이 '살찐 악어몸피 지갑'에 의해 계기화motivation되는 것이 그렇다. 나아가 시인은 이미 부재하는 아버지가 "뭉툭한 연필심을/아버지가 일으켜 세운다."(「낯선 길을 걷다」)고 한다. 아마도 '낯선 길'이 시작詩作의 도정道程을 비유한다면, 시심에 힘을 불어 넣는 것이 아버지란 의미로 읽어도 무방할 것이다. 마찬가지로 어머니는 "닭의장풀 닮은 손사래가 차려낸 밥상/어머니의 기도였네."(「곰배령」)에서처럼 생면부지의 사람에게 받은 배려를 '어머니의 기도'의 결과로 생각할 수 있을 만큼 그 관계의 돈독함을 드러낸다. 이처럼 시인이 원환의 안쪽에 위치할 때, 그 공간은 텅 빈 것이 아니라 늘 현재화하는 기억과 그것이 주는 위로로 가득하게 된다. 자명한 결과지만 이때 시작은 회고적 정조에 함몰陷沒되어 밖이 접촉했던 세계와의 관련성을 잃고 만다. 그러므로 역전은 불가피하게 지나가야 하는 통과의례와 같은 것이다. 세계의 바깥쪽과 접촉하려는 존재론적 자기 결단 도래한다. 정미소 시인은 "일념으로 조아리는 기도의 중심은 나/어머니와/가파른 돌계단 몇 해나 더 오르려나/넌지시 거친 손을 잡아본다."는 애틋한 순간으로 회귀하지 않고, 매섭게 끊어내는 결기, "가만, 누워 쉬세요 어머니, 어머니의 저녁 끼니는 돌아오지않아요."(「표본실의 왕호랑거미」)라고 고지告知함으로써 성취한다.

어둠을 밟고 들어선 그녀의 손에, 서너 살 정도 여자아이가 울먹인다 어린이집 상담실 의자며 탁자가 아픈 주사 맞는 병원은 아니라고, 막대사탕 하나 쥐어주면 그녀가 말문을 연다 아이를 혼자 키워야 해요 아이는 달걀 알러지가 있어요 일과를 마치면 오후 여덟 시예요 그녀가 입학 지원서의 빈 공란에 별로 뿌려놓은 말들을 읽는다 비온 뒤, 무지개가 뜨는 날은 창문을 열어주세요 아이 아빠가 아이를 보러 올 거예요 아이가 창가에서 오래, 오래 손 흔들 수 있게 해주세요 마침표 없이 이어지는 그녀의 말을 어루만지며 그녀가 울었다.

—「그녀가 울었다」 전문

세계의 모든 그녀와 그 딸과, 아니 시적으로 말하자면 어머니의 딸이었고, 딸의 어머니가 된 지금 시인은 반지의 바깥 면에서 세계와 접촉한다. 그것은 「전화걸기」나 「자장가」, 「장군이」에서 보이듯 혈육이든, 아니든 무관한 관계 맺기이다. 인용 작품에서 보면 "마침표 없이 이어지는 그녀의 말을 어루만지며 그녀가 울었다"의 후자의 '그녀'가 시인 자신이 되어서는 안 될 이유도 없다. 이처럼 존재적 기획에서 이미 부재된 관계(어머니)가 주는 실존적 의미(모든 어머니와의 유대)는 지대하다. 이 인식이 어쩌면 이번 시집의 가장 큰 미덕이 될지도 모른다.